Manuel de magie

Seuil Jeunesse

Manuel de magie

A l'usage des
apprentis enchanteurs
de 1re et de 2e année.

Déchiffré et adapté pour
la compréhension
de tous par :

Fabrice Cayla

Décodé et mis en image
pour qu'enfin tout le
monde comprenne par :

Pef

Les auteurs

~ Ecirbaf Aolyac ~

Né en 3802 (selon le calendrier des magiciens. Soit en 802 pour le commun des mortels), il est l'un des fondateurs de l'école de magie. C'est lui qui découvrit l'endroit ou elle se situe actuellement au cours de ses vacances.
Il a longtemps enseigné au sein de celle-ci avant d'être appelé à d'autres fonctions tenues secrètes.
Maître de Haute-Magie, il a obtenu son B.A.C. (Bonnet d'Alchimiste Certifié) en 3832. Depuis, il se consacre à la création en tout genre, l'un des domaines les plus difficiles de la magie.

∘ Fep ∘

Né en 3787 il s'est, dès sa plus tendre enfance, distingué par ses *graffitis* dont il ornait les murs de sa chambre. Plus tard, il créa un nouveau style de dessin magique à double sens, que seuls quelques initiés pouvaient décoder. Mais à force de travail et de ténacité, et de milliers de kilomètres parcourus d'écoles en écoles, son art fit référence pour aboutir à la *magie graphie* animée.

Sommaire

À chaque chapitre correspond une petite lune vous indiquant le moment propice à sa lecture.

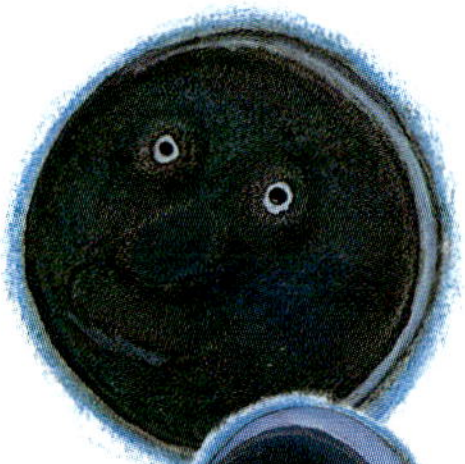

Bienvenue à l'école de magie

Fondée en 3887, l'école de magie a pour but d'initier et de former les élèves à *l'art* de la magie. A la fin de leur scolarité, les élèves se voient attribuer un Certificat d'études de magie. Le nombre d'élèves acceptés est volontairement restreint, car très peu d'humains possèdent les qualités nécessaires à cet apprentissage *(sagesse, simplicité, humour, patience, agilité, honnêteté, gentillesse, intelligence, prudence, innocence, et j'en passe...)*

L'école se trouve sur *l'île* des magiciens, magnifique site protégé. Son microclimat lui assure un *ensoleillement* maximum et ses plages permettent d'en profiter *agréablement*. Une brume magique entoure l'île, elle garantit sa tranquilité et son *secret*.

Cette école possède tout le confort nécessaire ; chambres individuelles, restaurants, piscine avec toboggans, salles de jeux, terrain de football, etc. Le matériel est de première qualité : laboratoires, cornues, baguettes, parchemins...

Tout cela, bien entendu, entièrement gratuit. Les magiciens n'ont pas besoin d'argent vu qu'ils peuvent transformer un vulgaire paquet de copies en une imposante liasse de billets de banque !

~ L'habit ~

Chaque apprenti devra lire attentivement les explications afin de confectionner *lui-même* son habit de magicien. Le tissu, fourni par l'école, est à prendre à la salle des *pentacles* dans la tour *hexagonale*.

Couleur : au choix de l'apprenti. Le bleu n'est plus *obligatoire*...

~ Le Chapeau ~

Le port du chapeau est indispensable mais, contrairement à une idée très répandue, le chapeau d'un magicien ne possède aucun *pouvoir* particulier. Son utilité se limite à garder le *Cerveau* bien au chaud, ce qui aide à la *concentration*.

SNCF
TGV
SC-B-
SC-A-
CUT
CUT
RN 20
CD 19
RTL

Emploi du temps

Comme vous pouvez le remarquer, l'île des magiciens vit de haut en bas au rythme du *thermomètre* horaire.

Le climat étant toujours le même : à savoir, *froid* le matin jusqu'à très *chaud* le soir.

17 h Goûter

14 h : Atelier ↑

12 h : Repas ↑

10 h : Cours Collectif ↑

Petit déjeuner ↑

Soirée libre

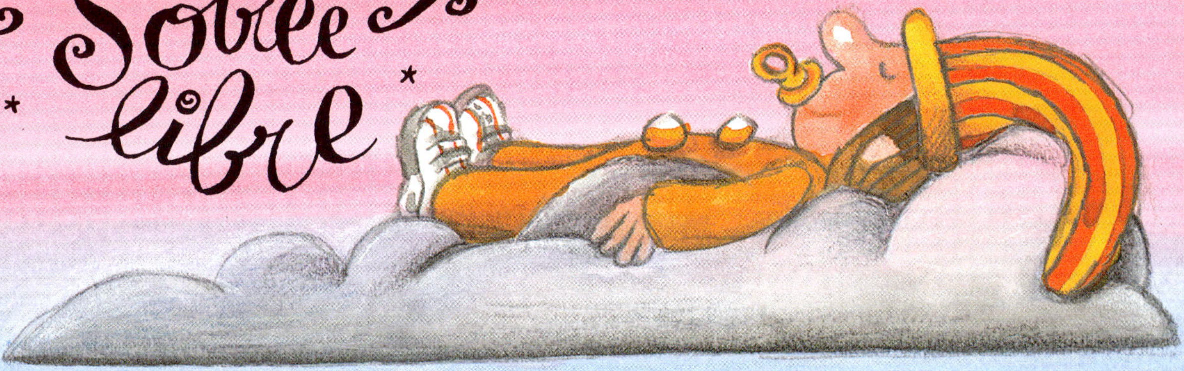

chocolat chaud et tartines.

confection d'un miroir, d'un troisième œil
ou d'un faux pied de satan.

ne pas oublier ses baguettes !

Au programme : histoire de la magie, "des numéros magiques jusqu'à la flûte enchantée".

Servi entre 8h30 et 9h (self-service).

Cet emploi du temps
est valable tous les jours sauf le Lundi, jour de la lune,
et le Vendredi, jour du poisson.

Le nom secret

Tout magicien doit posséder un nom secret qu'il ne doit divulguer à personne, excepté aux archis-mages de l'école et à quelques personnes de confiance. Sachez que si quelqu'un connaît votre "nom secret" il lui suffit de le prononcer pour que vous soyez totalement en son pouvoir : méfiez-vous ! Pour choisir un nom secret, procédez de la façon suivante : étant donné que a=1, b=2, c=3, etc..., composez-vous un nom de trois lettres minimum, dont le total des valeurs des lettres le composant soit égal à 27 (chiffre magique).

Exemple : Galaf (7+1+12+1+6=27)

Une fois le nom choisi, inscrivez-le ci-dessous, à l'encre invisible.

Nom secret :-----------

Muni de votre vrai nom secret, de votre habit et de votre chapeau, vous voici enfin prêt à affronter le dur apprentissage de la magie...

Les rudiments de la magie

Avant d'entamer les cours, il faut vous préciser qu'il existe plusieurs formes de magie et de Haute-Magie. Notre école se consacre uniquement aux acquisitions de base. Elle permet d'obtenir un certificat d'études de magie en 2 ans minimum mais un certain Merlin est resté 22 ans dans notre école avant de l'obtenir aux alentours de l'an 3942. En ce qui concerne la Haute-Magie et le passage du bac (gratuit), les études sont fort longues et n'entrent pas dans les attributions de cette école.

Pour plus de renseignements, vous référer à l'ouvrage *Que faire avec un certificat d'études de magie ?* aux éditions de l'Apprenti, qui vous donnera toutes les voies et les conditions d'admission aux collèges de magie.

Chapitre 1 : Tours et astuces magiques.

Ce chapitre destiné tout particulièrement aux apprentis magiciens débutants doit être appris par cœur. Il est indispensable de le connaître sur le bout des doigts pour passer en *deuxième année*.

Chant de la pluie.

Le soleil et le ciel bleu sont bien agréables, mais trop, *c'est trop !* et quelques gouttes sont parfois les bienvenues. Mais encore faut-il que les nuages arrivent. Pour cela, rien de plus simple. Dehors, bras levés vers le ciel, chantez le petit *refrain* ci-dessous autant de fois qu'il le faut. Vous serez vite étonné du résultat en apercevant une *horde de nuages* noirs recouvrir le ciel et cracher son eau tant attendue.

Si vous êtes plusieurs magiciens, n'hésitez pas à le chanter en *Canon* en faisant une ronde. C'est joli et encore plus efficace.

Note du traducteur :

"On entend souvent les gens dire "*arrête de chanter, il va pleuvoir*".
Sans le savoir, ils ont presque raison, à la différence que seuls les magiciens connaissent la vraie chanson de la pluie. C'est ainsi que naissent un grand nombre d'expressions à l'origine mystérieuse provenant de témoins ayant assisté sans le savoir à une simple recette magique.

Déchiffrer les signes célestes

Il est souvent nécessaire d'interroger en direct les étoiles pour connaître les réponses à des questions importantes pour le présent ou pour l'avenir. Cette interrogation est difficile et exige plusieurs conditions.

Elle doit avoir lieu par nuit de pleine lune.

Le ciel doit être parfaitement dégagé.

Ces deux conditions remplies, choisissez le haut d'une colline sur lequel vous vous tiendrez debout, le visage tourné vers les étoiles. Ensuite, levez le bras droit vers la lune, et le gauche vers la Grande-Ourse. Posez alors votre question. Celle-ci devra être claire et précise pour une réponse la plus courte possible. En effet, cette réponse va s'inscrire dans le ciel et il faudra la trouver.

Exemple : Les bras dressés vers le ciel, vous posez la question suivante : "Fera-t-il beau demain ?" (il y a sûrement des questions plus importantes, mais celle-ci est un exemple). Scrutant le ciel étoilé, vous apercevez soudain la réponse s'inscrire en lettres cosmiques (voir dessin ci-dessous).

Bien entendu les pointillés ont été rajoutés par mes soins pour plus de compréhension.

Comme vous le constatez, la réponse est claire (grâce aux traits que nous avons rajoutés).

Au début, vous aurez sûrement du mal à déchiffrer les réponses dans les étoiles, mais avec de l'entraînement, vous y lirez comme dans un livre…

Devenir subitement invisible

Être invisible ! Un rêve que bon nombre de personnes aimeraient réaliser. Hélas pour eux, ce rêve n'est accessible qu'aux magiciens et de deux manières différentes. La plus connue : passer à son doigt un anneau d'invisibilité. Mais ceux-ci sont rares et généralement très bien gardés par leur propriétaire (voir : référence anneau). La seconde façon de se rendre invisible est beaucoup plus simple et utilisable à tout moment sans l'aide d'aucun objet. Cette méthode, car il s'agit bien d'une méthode, requiert un minimum d'entraînement. Elle a été mise au point par un célèbre mage portant le nom de "Kouhé" dont les travaux ont marqué la psychologie du magicien.

Voici, résumé, ses grands *principes* : dans une foule, ou dans tout autre lieu, si vous désirez échapper aux regards des autres, concentrez-vous au maximum et décidez que personne ne peut vous voir. Si votre *Concentration* et votre volonté sont suffisamment fortes, vous vous apercevrez avec joie que personne ne vous remarque.

Cela semble très simple, mais ne croyez pas réussir cela du premier coup. Une longue pratique est nécessaire avant d'y parvenir. Pour ceux qui seraient intéressés (*cette méthode étant facultative*) les cours de la méthode "*Kouhé*" sont donnés chaque vendredi à midi dans la cour du "*Credo*".

Marcher sur l'eau

Marcher sur l'eau demande adresse et *persévérance*, mais c'est plus facile qu'il n'y paraît. Choisissez une eau peu agitée *(pour l'équilibre)*, puis passez simplement de la plage à l'eau en continuant à marcher. *Non! Non!* il n'y a pas de trucage bien que certains *charlatans* aient utilisé des planches peintes en trompe-l'œil, imitant à la perfection la surface de l'eau. Un magicien utilise sa magie et non un *truc*...

Il gèle tout simplement la surface de l'eau sur laquelle il se trouve, et ainsi de suite à chaque pas. Cette technique de gel peut s'obtenir grâce à une baguette magique, à une formule, ou à tout autre procédé créant ce microclimat. *Simple et efficace.* Faites-le devant un public nombreux, car son succès est garanti. C'est un excellent moyen de se faire connaître dans le *monde* entier assez rapidement.

La pêche miraculeuse

Chacun de vous connaît la célèbre pêche *miraculeuse*, mais peu savent que c'est en fait à la portée de tous. Il vous faut un peu de patience et beaucoup de *ténacité*.

Vous vous procurez un petit poisson (n'importe lequel fera *l'affaire*).

Puis vous l'installez dans un bocal *spacieux* (pour qu'il se sente bien).

Ensuite, vous devez l'apprivoiser (il doit vous *reconnaître*, venir quand vous l'appelez et apprécier votre présence).

Après cette période plus ou moins longue, vous devrez l'entraîner afin qu'il obéisse à vos ordre. Du genre : *va chercher! reviens! fais le mort! etc*

Une fois bien entraîné, le tour est joué. Vous pouvez l'emmener avec vous à *la pêche*.

De votre barque, vous n'aurez plus qu'à le lancer dans *l'eau*.

Et lui donner l'ordre d'appeler tous ses *copains* poissons.

Lorsque vous estimerez leur nombre suffisant, *sifflez* votre poisson.

Il sautera aussitôt dans la barque, *suivi* de tous les autres poissons.

Un conseil : attrapez votre poisson dès qu'il saute, sinon vous risquez de ne pas le reconnaître.

Le philtre d'amour

L'absorption de ce philtre donne des résultats étonnants d'efficacité, pourvu que l'on suive à la lettre, les instructions suivantes

Rassemblez tous les ingrédients qui figurent sur la page suivante. Mettez-les tous dans un demi-litre d'eau, faites chauffer à feu vif jusqu'à ébullition, filtrez, laissez reposer.
Boire frais avec une rondelle de citron ;
Important : en faire boire la moitié à l'élue de son cœur et boire l'autre moitié.
Attention, vous devez boire tous les deux en même temps pour obtenir un résultat garanti 100%

Rassemblez les ingrédients suivants.

Ci-dessus la recette illustrée avec quelques intrus pour brouiller les routes.

Poudre de frayeur ou d'escampette

Elle est obtenue grâce à une plante (*l'escampette*) qui pousse dans les Caraïbes. Il est toutefois possible de la cultiver sous nos climats, à condition de la maintenir à une température de 22°. A maturation (environ 80 cm), on récolte les feuilles qui seront séchées au soleil, puis broyées afin d'obtenir la poudre. Celle-ci sera conservée dans une bourse de cuir souple.

Cette poudre a le pouvoir d'effrayer celui ou ceux qui la respirent. Pris d'une peur incontrôlable, ils *fuient* immédiatement. Très pratique, par exemple, pour créer un effet de panique sur une foule venue assister à la mise au *bûcher* d'un magicien que l'on prend pour un sorcier.

Poudre de perlimpinpin

Cette poudre est née de l'imagination d'un magicien romain nommé Perlimpinpinus. A son époque, les baguettes et bien d'autres objets magiques n'existaient pas encore, et le langage magique en était à ses balbutiements. Pendant de nombreuses années, Perlimpinpinus travailla sur cette poudre qui ne comptait pas moins de 142 ingrédients, broyés, moulus ou pulvérisés (une vingtaine nous sont encore inconnus). Après plusieurs essais infructueux, Perlimpinpinus arriva enfin au résultat souhaité. La poudre de perlimpinpin était née. Ses effets furent spectaculaires et divers. Son utilisation la plus courante était de projeter un peu de poudre sur le visage de quelqu'un. Aussitôt tout lui paraissait plus beau, plus grand, plus riche et les gens plus intelligents. Il avait une sorte de vision idéale du monde. Mais cet état ne durait que peu de temps (1/2 heure maximum).

Une autre utilisation possible, à effet prolongé, était de se badigeonner le corps et le visage d'huile mélangée à cette poudre. Vous deveniez alors d'une rare beauté ! Cette méthode fut surtout utilisée par les femmes qui se contentaient souvent de la limiter au visage.

On sait que cette poudre possédait également la faculté de brûler très rapidement et même d'exploser. Mais Perlimpinpinus abandonna cette possibilité faute d'en trouver un usage valable. Enfin, diluée avec du lait d'ânesse, la poudre guérissait bon nombre de maladies. C'est à l'arrivée des baguettes et du langage magique que la poudre fut abandonnée. Trop compliquée et trop longue à fabriquer.

N.D.T. : Bien plus tard, beaucoup de charlatans tentèrent de l'imiter et utilisèrent son nom, mais elle ne fut jamais égalée. Cette recette de magie est signalée à titre d'information. Nous sommes en effet incapables actuellement de la recréer.

Le Repousse-Trolls

Un moyen efficace pour vous débarrasser d'une *armée* de trolls en fureur. Vous devez posséder un peu d'eau (facile) et une larme de *crocodile* (plus difficile). Lorsque les trolls en fureur chargent en hurlant, versez un peu d'eau par terre devant vos pieds. Puis, déposez délicatement la larme de crocodile au milieu de la petite mare ainsi formée. L'effet est *immédiat* ; les trolls s'arrêtent net et s'enfuient toujours en hurlant, pendant trois kilomètres exactement.

~ Expérimentation ~

L'école ne possédant ni trolls, ni larmes de crocodile, du *poivre* et un peu de liquide *vaisselle* suffiront pour vous faire comprendre le phénomène.

1° Mettez un peu d'eau dans une assiette.

2° Saupoudrez le poivre au-dessus, afin qu'il recouvre entièrement l'eau.

3° Posez une goutte de liquide vaisselle sur le bout de votre doigt.

4° Trempez légèrement le bout du doigt au centre de l'assiette.

Comme pour les trolls, cette "*potion*" agit instantanément. Les grains de poivre se sauvent. La seule différence est qu'ils ne hurlent pas et que leur fuite se limite à la taille de l'assiette.

Le sac à rétrécir

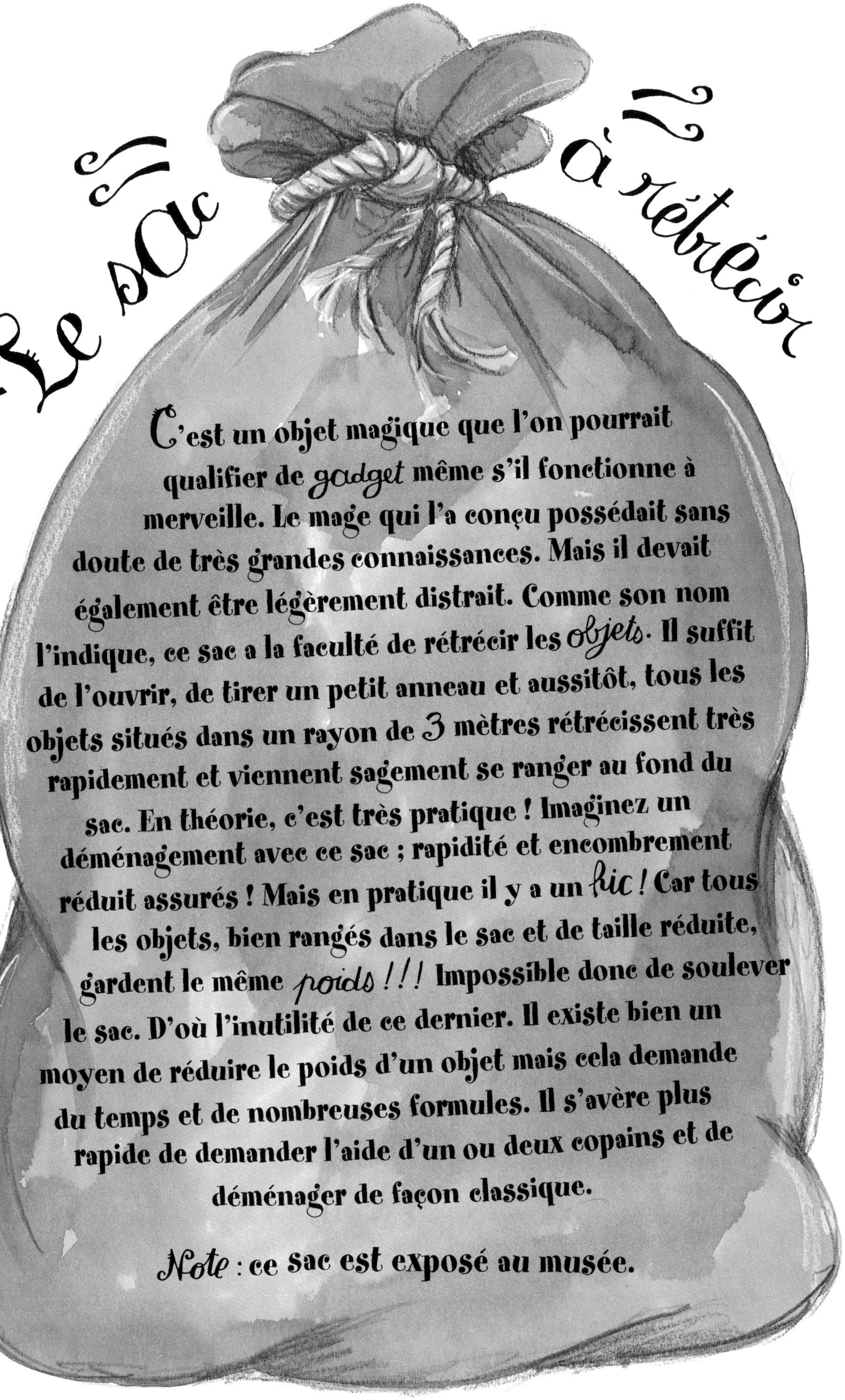

C'est un objet magique que l'on pourrait qualifier de *gadget* même s'il fonctionne à merveille. Le mage qui l'a conçu possédait sans doute de très grandes connaissances. Mais il devait également être légèrement distrait. Comme son nom l'indique, ce sac a la faculté de rétrécir les *objets*. Il suffit de l'ouvrir, de tirer un petit anneau et aussitôt, tous les objets situés dans un rayon de 3 mètres rétrécissent très rapidement et viennent sagement se ranger au fond du sac. En théorie, c'est très pratique ! Imaginez un déménagement avec ce sac ; rapidité et encombrement réduit assurés ! Mais en pratique il y a un *hic* ! Car tous les objets, bien rangés dans le sac et de taille réduite, gardent le même *poids* !!! Impossible donc de soulever le sac. D'où l'inutilité de ce dernier. Il existe bien un moyen de réduire le poids d'un objet mais cela demande du temps et de nombreuses formules. Il s'avère plus rapide de demander l'aide d'un ou deux copains et de déménager de façon classique.

Note : ce sac est exposé au musée.

La Spirale du géant nain

Sous ce titre un peu mystérieux, se cache un tour de magie, à la portée de tous : il ne demande qu'un minimum de préparation et produit un effet des plus *impressionnants*. Imaginez que vous puissiez rapetisser jusqu'à la taille d'une *fourmi* ou grandir tel un géant ! Grâce à cette spirale, le rêve devient réalité. Toutefois, ce tour de magie peut provoquer quelques *ennuis*, voire même être dangereux. Il est donc souhaitable de l'utiliser avec sagesse et précaution. Pour réaliser ce tour, vous devez trouver une surface *plane*, et de préférence à l'abri des regards ($10\ m^2$ suffisent). Tracez alors sur le sol une spirale assez grande. Peu importe la méthode, la spirale peut être gravée, dessinée, ou simplement marquée. L'essentiel étant la régularité et la *beauté* du travail. Entraînez-vous avant d'exécuter ce dessin magique car la spirale doit être parfaitement tracée pour fonctionner. Pour *rétrécir*, suivez le tracé de la spirale de l'extérieur vers le centre. Les pas devront être lents et bien suivre le tracé. Plus vous

avancerez sur la spirale et plus votre taille diminuera. Pour retrouver votre taille, refaites le même chemin en sens inverse. Pour grandir, vous l'aurez deviné, il faut partir du centre et suivre le tracé vers l'extérieur. Attention ! Ce tour apparemment sans risque cache bien des pièges.

Primo : assurez-vous que personne ne puisse venir effacer votre spirale. Sinon, vous seriez condamné à garder votre nouvelle taille pour le reste de vos jours. La spirale ne fonctionne que pour celui qui l'a tracée alors qu'il possédait sa taille normale ; donc, prudence !

Secondo : n'ayez pas la folie des grandeurs, car lorsque vous mesurerez la taille de trois donjons, il vous sera très difficile, voir impossible, de refaire le chemin en sens inverse en posant délicatement vos pieds sur le tracé de la spirale. A l'opposé, remonter le tracé en ayant la taille d'une fourmi pourrait vous tuer ou du moins vous prendre beaucoup de temps. Les distances ne sont pas les mêmes selon la taille.

Malgré ces petits tracas, la spirale du géant-nain peut s'avérer très utile et rendre bien des services. Qui n'a jamais rêvé d'être une petite souris et de se faufiler partout ?

Transformation

Ou comment se transformer en une personne de son choix. A ne pas confondre avec une transformation animale qui requiert une technique plus élaborée et une plus grande expérience. Mettez-vous face à un miroir et regardez-vous dans les yeux. Puis, prononcez votre "nom secret", à voix haute, vingt-sept fois de suite. À la fin ne sachant plus du tout qui vous êtes, vous pourrez choisir votre nouvelle personnalité et votre nouvelle image.

Ce choix doit être clair dans votre tête, sous peine d'obtenir une transformation incomplète, toujours dangereuse. Si vous désirez retrouver votre véritable image, refaites la même chose dans l'autre sens.
L'école n'est en aucun cas responsable d'une transformation incomplète ou ratée qui entraînerait une modification du corps ou de l'esprit.

Vision magique

Pour pratiquer, lire attentivement le cours ci-dessous sous forme de questions/réponses.
Avec cette recette magique, nous entrons dans les hautes sphères de la magie.
Les deux ans que vous allez passer dans cette école ne seront pas suffisants
pour maîtriser parfaitement la vision magique.
Mais rassurez-vous ! A force d'entraînement quotidien, vous
parviendrez vous aussi à maîtriser cet art.

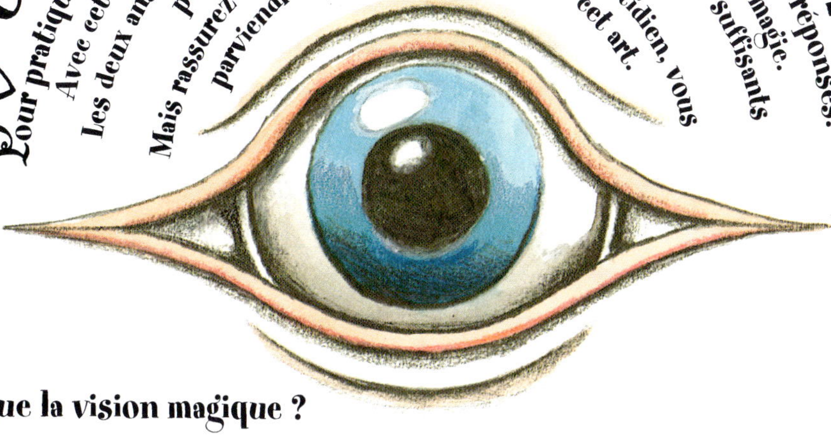

– Qu'est-ce que la vision magique ?

– C'est l'art de maîtriser sa vision pour voir à travers la matière.

– Toutes sortes de matières ?

– Oui, aussi bien la pierre que le bois ou le métal. Mais certaines matières sont plus difficiles à traverser.

– Lesquelles ?

– Dans l'ordre de difficulté on trouve tout d'abord les métaux, puis le bois et enfin la pierre. A l'intérieur même de ces matières existent des degrés de difficulté.

– Par quoi commencer ?

– Par la pierre, bien entendu ! Mais pas n'importe laquelle. Le premier cours concernera le calcaire. Il est d'ailleurs recommandé à chaque élève de garder sur lui un morceau de calcaire afin de s'entraîner régulièrement.

– Comment fait-on ?

– Au préalable, il faut étudier la matière afin d'en connaître les structures internes. Toute matière est composée d'atomes collés les uns aux autres. Entre ces atomes, il y a plus ou moins de vide. Tout cela à une échelle microscopique. Il faut que votre vision apprenne à se frayer un passage entre ces atomes pour ne rencontrer que le vide. Le chemin ainsi suivi, conduira votre vision de l'autre côté de la matière et vous verrez aussi bien que si il n'y avait aucun obstacle.

Pour en revenir au calcaire, cette matière est composée d'atomes moins serrés, ce qui facilite le passage de la vision.

– Cela paraît simple !

– Oui ! Mais avant de trouver le bon passage entre les milliards d'atomes, bon courage ! Ce labyrinthe dépasse de loin les casse-tête les plus ardus.

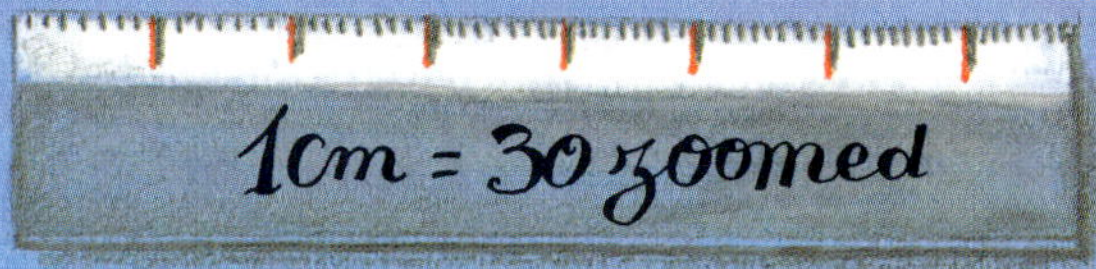

– Est-ce tout ?

– Non ! Lorsque vous maîtriserez parfaitement la vision magique et que vous entrerez dans les écoles de Haute-Magie, vous apprendrez, grâce à la même technique, à traverser la matière avec votre propre corps.

Cette recette appelée “le passe-muraille” fonctionne sur le même principe mais demande davantage d'entraînement car il ne s'agit pas de rater l'expérience au milieu d'un mur, ce qui reste possible avec la vision magique.

Baguettes et objets magiques

Après les recettes magiques de base, s'ouvre à vous le *monde* des objets magiques.
De nombreuses *légendes* circulent au sujet de ces objets car ils ont toujours fasciné.
Pourtant la magie est une science et un art et non du *folklore* ! Ne seront présentés dans ce chapitre que les principaux objets magiques. Les incontournables, en quelque sorte.

Les baguettes magiques

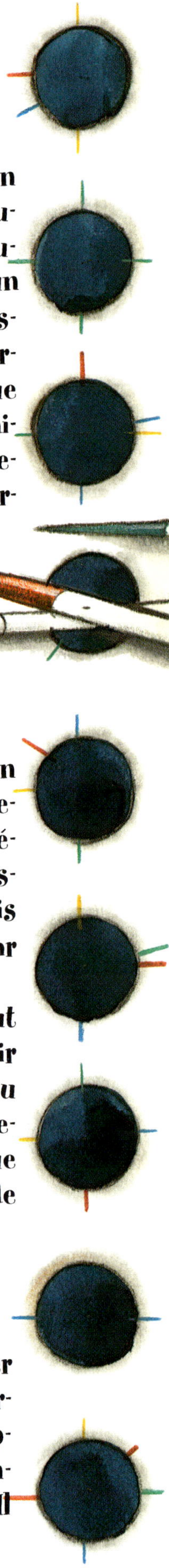

Contrairement à ce que l'on pense, la baguette magique n'est pas un "bâton à tout faire". En réalité, chaque baguette ne possède qu'un pouvoir et un seul. Si vous désirez posséder tous les pouvoirs, il vous faudra autant de baguettes que de pouvoirs. Pour cela, munissez-vous d'un jeu de mikado, voire même de plusieurs. Vous serez ainsi en possession d'un nombre appréciable de baguettes pouvant être chargées magiquement. Pour la petite histoire, sachez que le jeu de mikado n'est pas plus chinois que vous et moi. Il a été appelé ainsi pour tromper les sorciers, qui, face à un simple joueur, ne peuvent soupçonner qu'ils ont affaire à un véritable magicien.

Chargement de la baguette.

Ce chargement se fait à l'aide de la machine de Boram, inventée en l'an 200. D'une taille assez réduite, cette machine peut aisément être emmenée en voyage. Sur sa face externe, elle se compose de 200 trous différenciés par des petits traits de couleurs. Chacun de ces trous correspond à un pouvoir particulier. Il serait trop long de tous les citer, mais ces pouvoirs vont de la "boule de feu" à la "lévitation" en passant par la "création de tempête" ou par le "repousse-dragon".

Certains font double emploi avec les recettes magiques, mais cela peut être nécessaire. Munis de vos baguettes, vous n'avez plus qu'à choisir les pouvoirs que vous désirez en insérant chaque baguette dans le trou correspondant. Le chargement complet se fait en une nuit. Le lendemain matin, toutes vos baguettes sont prêtes à l'emploi. Et c'est là que l'on voit l'utilité des petits traits sur les baguettes du soi-disant jeu de mikado : c'est uniquement pour savoir ce que fait chaque baguette.

Mode d'emploi des baguettes.

Pour utiliser le pouvoir enfermé dans la baguette, il suffit de pointer celle-ci vers le lieu, la personne ou l'objet visé, et de la serrer très fortement dans votre main. Quelques secondes après, le pouvoir s'échappe et son effet est immédiat. Quant à la baguette, vous pouvez la ranger dans une boîte de mikado car elle ne contient plus aucun pouvoir. Il faudra la recharger plus tard.

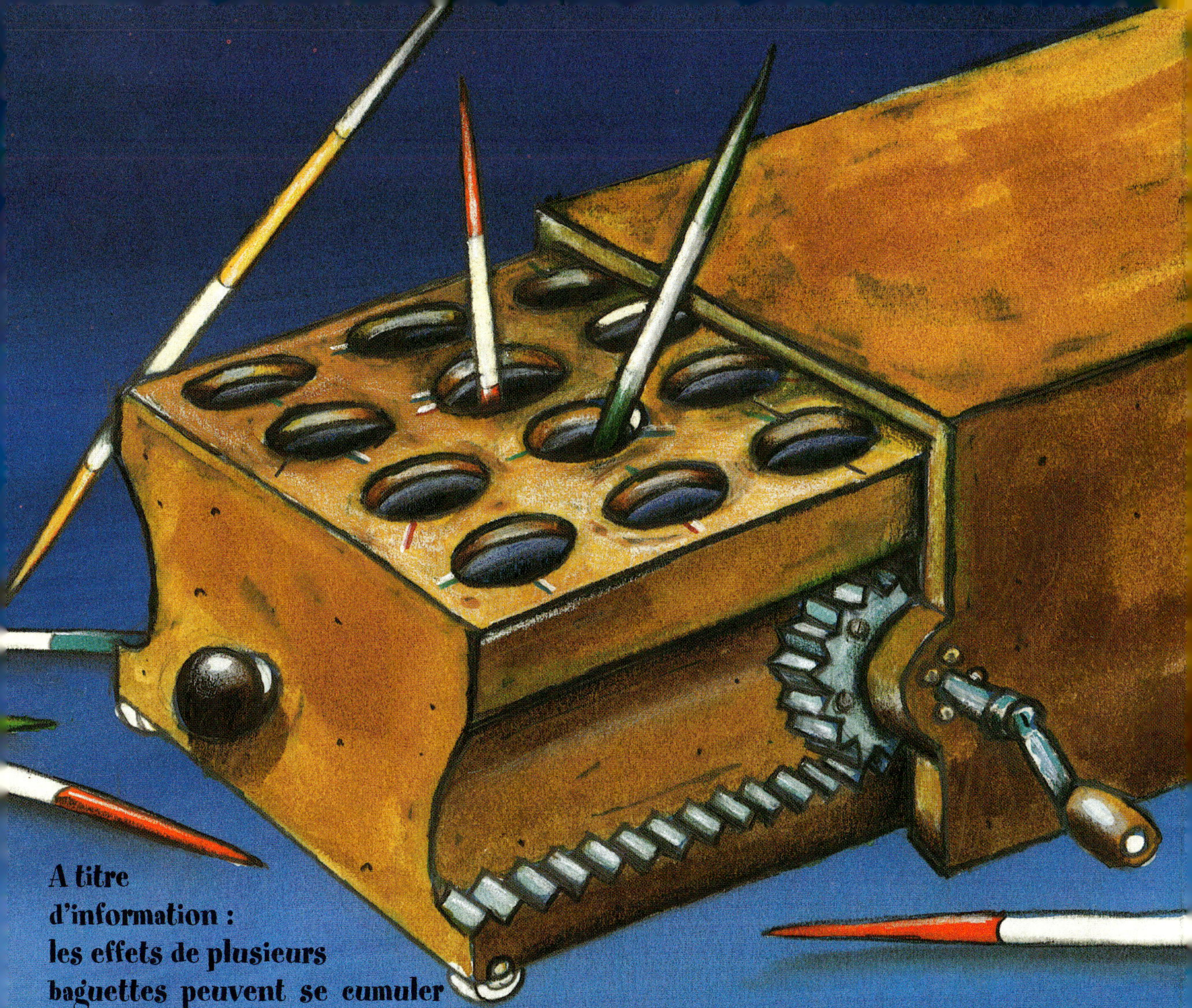

A titre
d'information :
les effets de plusieurs
baguettes peuvent se cumuler
mais, pour votre propre sécurité, évitez d'utiliser le "faisceau électrique" et la "création d'un jet d'eau" en même temps.

Conseils d'utilisation.

Si votre machine de Boram tombe en panne, ne la réparez pas vous-même, afin d'éviter de gros dégâts !

Ramenez-la le plus tôt possible à l'île des magiciens. On se fera un plaisir de vous la remettre en marche ou de vous l'échanger. Le nombre de ces machines est toutefois réduit, une centaine seulement, et les secrets de leur conception ont malheureusement disparu avec Boram. Prenez-en donc soin.

Le tableau officiel de l'association des 200 trous et des traits de couleurs est affiché dans la salle $(A+B)^2$ de l'école de magie. On peut le consulter tous les jours.

Les objets magiques

Compléments indispensables des baguettes et des recettes, les objets magiques font partie intégrante de ce qu'un magicien doit avoir sur lui. Ces objets ont un fluide vital nécessaire à la sauvegarde de celui qui les porte. Nous ne traiterons ici que des objets de base, d'autres existent, créés et bricolés par les magiciens eux-mêmes.

L'anneau

Tout le monde, ou presque, connaît l'anneau d'invisibilité, mais ce n'est pas cet anneau-là qui nous intéresse pour le moment, son pouvoir tenant aux signes magiques gravés sur sa face interne et leur fabrication relevant de la très haute magie. Celui qui nous intéresse aujourd'hui est l'anneau "d'attachement". Bien utile, il ne nécessite pas une longue pratique de la magie et peut être confectionné par un simple apprenti.

Préparation de l'anneau.

L'anneau doit être coulé en argent massif ou en or. Poli avec soin, le magicien ou l'apprenti doit le poser sur une pierre plate par une nuit de pleine lune et le laisser ainsi jusqu'au matin. Puis recommencer ainsi la même opération par un jour de grand soleil jusqu'à la tombée du jour. L'anneau, gorgé de rayons lunaires et solaires, sera prêt à remplir sa fonction.

Pouvoir de l'anneau d'attachement

Si le magicien passe cet anneau au doigt d'une personne, elle lui sera entièrement dévouée, corps et âme. L'attachement durera aussi longtemps que la personne gardera l'anneau au doigt.

Danger de l'anneau d'attachement

Le danger de cet anneau est plutôt d'ordre psychologique. Le pouvoir est grisant et a souvent tendance à aveugler celui qui en dispose. Il est donc recommandé aux apprentis de ne se servir de cet anneau qu'en cas de force majeure et de garder à l'esprit que la magie n'est pas une science du pouvoir, mais un art...

Lire cette image dans un miroir.
Ah... comme les femmes sont magiques...!
Pas mal du tout, ce type...!
Comme on est bien, ensemble...!
Voici l'anneau magique de notre mariage...!
J'ai autre chose à faire que m'occuper de toi...!
Tu parles d'un anneau magique!

Le balai*

Avant l'arrivée du tapis volant, les magiciens ne disposaient, comme moyen de *vol*, que du balai traditionnel. Sa conception était assez simple, mais le poids de la boîte à énergie gênait considérablement son bon maintien en vol. Les *accidents* étaient très fréquents et l'on déplora de nombreuses pertes de magiciens. De plus, aucune réglementation n'était alors en vigueur et des balais trafiqués sillonnaient le ciel impunément quelquefois sans aucun *système de freinage !!!* Heureusement, après l'arrivée du *tapis d'Orient*, plus sûr et plus fiable, les balais disparurent peu à peu des routes aériennes, faisant baisser d'autant la mortalité par écrasement au sol.

Vélo

Pour : entretien nul. Economie d'énergie.

Contre : vitesse de pointe. Peu fiable en altitude.

Aujourd'hui, certains s'étonneront d'apercevoir encore quelques balais voler. Ce sont les sorcières, qui, au mépris de toute prudence, ont récupéré de vieux modèles dans les casses et qui, après quelques réparations sommaires, se sont lancées dans les courants aériens. Si vous apercevez de tels balais non loin de votre tapis volant, écartez-vous rapidement, votre vie peut être en danger...

V6

Pour : bonne surprise en virage, en montée et en descente.

Contre : consommation, freinage manuel.

Moto

Pour : accélérations, vitesse déraisonnable, gros succès auprès des filles.

Contre : port du casque obligatoire, pas de chauffage en haute altitude gamelles garanties.

Les bottes de sept lieues

Autrefois utilisées exclusivement en Occident, les bottes de sept lieues disparurent de nos contrées au profit du tapis volant (voir cette rubrique). Toutes les paires furent brûlées, excepté celle que les mages offrirent au géant Mégalos à qui elle rendit de grands services, sans risque d'accident, puisque sa taille lui permettait de voir où il allait poser le pied et qu'il ne l'utilisait que sur son territoire, vierge de toute habitation. Depuis sa mort, la dernière paire de bottes de sept lieues est exposée dans la Tour des Mythes. Par précaution, nous leur avons retiré leurs talons, siège de leur pouvoir.

Ci-dessus, photo en couleurs de la première cape d'invisibilité visible dans le musée

Recouvert de cette cape et de sa capuche, vous *disparaissez* totalement du regard des autres. C'est l'objet magique par excellence. Mais bien peu d'entre nous avons eu la chance d'en voir une, ou plutôt d'en toucher une, car cette cape est invisible *à l'œil humain*.

La rareté de cette cape est telle que l'école n'en possède qu'une. Dans le monde, le nombre d'exemplaires est extrêmement *limité* et se compte sur les doigts d'une main. Ceci s'explique aisément lorsque l'on sait qu'une cape d'invisibilité est tissée à la main (*au doigt*) par une *fée*.

Le fil qui la compose provient d'une minuscule araignée fabriquant un fil d'une finesse extrême, invisible à l'œil nu, et très solide. Imaginez donc le travail de cette fée tisseuse qui doit tout d'abord recueillir le fil (*quand elle parvient à le discerner*) et le tisser durant plus de *2000* heures.

Cette cape n'est jamais tissée pour être vendue. Elle est toujours offerte à un humain en remerciement de son aide et il est *rare* qu'un homme puisse aider une fée. Seuls quelques-uns, dont la plupart sont des magiciens, ont pu le faire.

La deuxième raison de ce petit nombre d'exemplaires (*s'il en faut une deuxième*) est tout simplement que cette cape est invisible. Donc, facilement perdue par son propriétaire. Si, par le plus grand des hasards, vous en découvriez une un jour, un conseil, ne la quittez plus ou rangez-la dans un endroit sûr que vous noterez aussitôt sur votre calepin.

Note : avant de pouvoir admirer cette cape dans le musée, n'oubliez pas de demander les lunettes spéciales "*vision de fée*."

Les dents et écailles de dragons

Ce chapitre n'est ni une leçon ni un cours, mais une mise au point nécessaire. Une légende tenace circule en effet au sujet des dents et des écailles de dragons. On leur attribue à tort et à travers des pouvoirs magiques nés de l'imagination populaire. Il faut donc mettre les choses au point.

Ces pauvres bêtes (Dieu ait leur âme), maintenant disparues, n'ont jamais eu le moindre pouvoir si ce n'est celui de provoquer la peur. Leurs dents souvent gâtées, pouvaient, à la rigueur, servir à fabriquer des colliers ou à alimenter la collection d'un original. Mais nul pouvoir ne s'y cachait. Quant à leurs écailles, qu'ils perdaient souvent en se battant ou tout simplement en se grattant contre les arbres, elles faisaient surtout la joie des enfants, qui les utilisaient pour leurs cabanes, et celle de quelques guerriers excentriques, qui trouvaient original de s'en faire un bouclier.

Bien qu'elle ne concerne plus la magie, continuons sur notre lancée.

Le dragon pouvait cracher des flammes : Faux ! Là aussi la légende est tenace.

En vérité, les dragons avaient tous une haleine fétide à faire fuir les plus courageux. Ces derniers n'auraient pour rien au monde avoué s'être enfuis devant un dragon à cause de l'odeur de son haleine. Un beau lancer de flammes était plus noble et suscitait l'admiration. Quoi qu'il en soit, les dragons étaient tout de même des animaux formidables, courageux et fidèles. Le seul point véridique concernant les légendes est celui de leur langage. Ils en possédaient effectivement un, bien élaboré, que seuls quelques magiciens réussirent à comprendre et à utiliser, s'attirant de ce fait l'amitié des dragons, bien utile lors de voyages à risques.

Le miroir

Reflet d'un autre monde, à la fois si *proche* et si *lointain* du nôtre, le miroir fut l'un des premiers objets à être utilisé en magie.

Aujourd'hui, ses fonctions sont multiples. Hormis celles déjà étudiées dans certaines recettes magiques et celle qui permet de pouvoir se *recoiffer* ou de *lisser* sa barbe (pour le vieux magicien ; le port de la barbe étant *interdit* aux apprentis), celle qui retient notre attention aujourd'hui est " la vision magique ".

Évidemment, un simple miroir du commerce ne vous sera d'aucune utilité magique. Il faut, tout d'abord, lui apporter quelques modifications que l'atelier "*Miroir*" vous expliquera en détail. Ces quelques changements effectués, vous aurez face à vous un miroir muni de petits *boutons*, prêt pour la vision magique. Le bouton de *gauche* sert à localiser la source ("un peu à la manière d'un tuner", note du traducteur). Plus vous tournez ce bouton, plus le miroir recherche une source éloignée (maximum : *2 lieues*) sur une ligne située face à vous. Si vous ne captez aucune source, changez de direction et recommencez.

Dès qu'une source est captée, une image *apparaît* sur le miroir (celle de la source, bien entendu). Servez-vous alors du bouton de *droite* pour régler le volume sonore. Vous n'avez plus qu'à regarder et à écouter en toute tranquillité.

Cette vision magique rend de grands services mais n'oubliez pas que selon la charte "*Miroir et Liberté*", l'intimité des personnes doit être respectée.

Différents modèles sont exposés à la Tour de Verre allant du simple miroir de poche en noir et blanc au grand format en couleur (service après-vente assuré).

Le parchemin

Très ancien, le parchemin a toujours fait partie de la panoplie du magicien. Mais de nos jours, il tend à disparaître au profit des baguettes (*plus récentes*) et de l'utilisation du langage magique.

A l'origine, le parchemin était rempli par le Haut-Magicien, avant d'être roulé et fermé par un *cachet de cire*. Pour une modique somme, les magiciens pouvaient se procurer des parchemins sur lesquels étaient inscrites diverses *formules* magiques (à raison d'une par parchemin). Il suffisait alors au magicien de décacheter le rouleau et de lire la formule qui s'y trouvait à *haute voix* pour qu'elle agisse aussitôt. Le parchemin s'autodétruisait trente secondes après.

Le principe était simple et efficace mais la gestion de ces rouleaux très compliquée. Pour le Haut-Magicien qui les *stockait* se posait le problème du classement par *sort* et de la place nécessaire pour les entreposer. Pour le magicien qui les *achetait*, le problème était le même, car il ne s'agissait pas d'ouvrir le *mauvais* parchemin lors d'un besoin urgent.

C'est à l'arrivée du P.C. portable (*Parchemin Compact Portable*) que les rouleaux ont quasiment disparu des *sacs* des magiciens. Ce P.C. portable se compose d'un boîtier de dix centimètres sur dix, d'un minuscule parchemin que l'on insère dans le boîtier et d'un miroir *connecté* au boîtier pour lire ce mini-parchemin, qui peut contenir des milliers de formules. Comme son *ancêtre*, le P.C. portable efface en trente secondes le sort utilisé.

De nos jours, seuls quelques *nostalgiques* utilisent encore de véritables parchemins. Les plus jeunes préfèrent le P.C., bien que ce dernier fasse presque office d'objet *archéologique* face au langage magique.

La poupée

Cette poupée n'est pas, à proprement parler, un objet magique comme les autres. *Nul besoin* d'être magicien pour s'en servir, bien qu'elle ait été créée par un mage qui a malheureusement emporté avec lui le secret de sa *fabrication*.

C'est pour cette raison qu'elle est très *précieuse*, l'école de magie n'en possédant que quelques centaines d'exemplaires en réserve. Certains s'étonneront de son *prix* très élevé, mais sa rareté le justifie, d'autant que cette poupée a d'étonnants pouvoirs. Elle possède la faculté d'emmagasiner les *rêves* et les *espoirs* de son jeune propriétaire.

Aujourd'hui, nul n'est en mesure d'expliquer ce phénomène. On ne peut que constater le parfait fonctionnement de cette poupée (elle est d'ailleurs garantie dix ans).

Lorsque vous possédez une poupée comme celle-ci, vous devez suivre scrupuleusement le *mode d'emploi* fourni dans la boîte. Il faudra tout d'abord la gonfler pour qu'elle devienne opérationnelle et lui trouver un petit nom secret que vous serez seul à connaître. La nuit venue, couchez-la à vos côtés et dormez comme d'habitude.

de rêve

Le lendemain matin, la poupée aura stocké vos rêves de la nuit (et non vos *cauchemars*). Sa capacité d'absorption est énorme. Plus de *122 nuits* ! Une fois pleine, vous pouvez la dégonfler et la ranger où bon vous semble.
Dès que vous sentez le cafard vous envahir ou le moral tomber dangereusement, sortez votre poupée, gonflez-la, et allongez-vous à ses côtés. Elle agira alors comme un véritable remontant *psychique* en vous injectant à petites doses rêves et espoirs, qui vous redonneront la joie de vivre en peu de temps.
Bien entendu, plus vous l'utiliserez et plus elle se videra. Il faudra donc penser à la recharger de temps en temps. Pour vous aider, un petit indicateur de capacité est placé derrière sa tête, sous les cheveux. Ceux qui le désirent peuvent se procurer cette poupée à la Tour des *Fantasmes*.

Nota Bene : quelques poupées ont pu par le passé être volées par des sorciers qui les utilisèrent d'une autre façon. Ils y déposèrent leurs cauchemars et leurs craintes. Méfiez-vous donc si vous tombiez par hasard sur l'une d'entre elles. Le choc pourrait être *mortel*.

Le talisman

Ce talisman magique *protège* le magicien qui le porte de toutes les attaques maléfiques dirigées contre lui.

Le modèle ci-contre, réalisé en *argent* et en *pierres précieuses* (disponible au magasin de la Tour *Carrée*), vous permet d'apprécier la minutie et la difficulté de sa réalisation. Vous devrez vous-même en assurer la *réalisation*, lors des cours de travaux manuels. Si au bout de plusieurs *mois*, vous n'y arrivez vraiment pas, découpez le modèle de votre livre et *collez-le* sur un carton assez épais. Puis, passez une cordelette dans les deux ronds noirs (préalablement *vidés*) afin d'en faire un collier. Sa protection sera tout aussi efficace que le vrai talisman, mais il aura nettement moins de *classe*...

Ci-dessus, différents modèles de talismans *mineurs* trouvés dans les poches d'apprentis et *confisqués*.

Le tapis volant

Bien qu'importé d'*Orient*, cet objet bien utile a été rapidement adopté en Occident, avec cependant quelques modifications. Afin de vous familiariser avec ces tapis, voici un plan détaillé du tout dernier modèle, plus *performant* et plus *sécurisant*.

Les signes que vous apercevez sur le tapis ont tous une fonction très *importante*. Les deux signes magiques placés à l'avant du tapis évoquent le *ciel*, tandis que ceux placés à l'arrière évoquent le *feu*. Leur position détermine également le sens de la marche (l'énergie est située à l'arrière, alors qu'en Orient, elle est à l'avant).
Les six signes situés devant l'emplacement du conducteur correspondent aux *six manœuvres* possibles.

Sur ce modèle, des *ceintures* de sécurité ont été ajoutées aux nouvelles normes de sécurité aérienne.
A droite du tapis se trouvent les deux *miroirs* de conduite.

Conduite de tapis

Assis en tailleur à l'emplacement réservé, la ceinture bien fixée, le magicien prend un miroir dans chaque main. Dès qu'il maintient un miroir face à l'un des signes de manœuvre (à une dizaine de centimètres), le tapis se met en marche.
Bien entendu, la première manœuvre sera toujours la montée. Il sera possible possible de combiner deux signes. Exemple : montée et avance, ou descente et marche arrière...
Comme vous le constatez, c'est simple mais la pratique est difficile, une fausse manœuvre pouvant entraîner de fâcheuses conséquences. C'est pourquoi un apprentissage est nécessaire avant de se lancer seul aux commandes.
Plusieurs modèles à *2, 3, 4 et 5* places sont présentés dans la Tour Tronquée. Ceux qui désirent s'inscrire aux cours de conduite doivent se présenter à la Tour de Verre auprès du bureau de " tapis-école ".

La vraie-fausse épée magique

La rumeur veut que ce soient les magiciens qui donnent un pouvoir à telle ou telle *lame* (citons comme exemple, la célèbre épée du roi *Arthur : Excalibur*). Mais en fait, il n'en est rien. Les vraies épées magiques ont de tout temps été forgées par le peuple des *nains*. Nous, magiciens, pouvons seulement créer de vraies-fausses épées magiques à l'aide de *signes*. Bien sûr, le commun des mortels n'y verra que du feu, mais leur efficacité est *loin* d'atteindre celles fabriquées par les *nains*.

Toutefois, l'usage de ces vraies-fausses épées magiques peut bien entendu s'appliquer aux dagues, poignards, lances et serpes qui, à l'aide de quelques signes magiques, tailleront avec *art et facilité*.

Dessins et signes magiques

Cette partie de la magie est l'une des plus complexes.
Une excellente maîtrise est nécessaire pour l'utiliser à propos.
Nous allons tout d'abord utiliser les dessins magiques de base,
ceux que tout apprenti doit connaître, puis, étudier les signes magiques,
véritable langage en images.

Dessins magiques

Il n'y a que trois dessins de base, le premier est la *spirale*, que vous avez déjà étudiée dans les recettes magiques. Les deux autres sont le *cercle* et le *pentacle*, qui possèdent un pouvoir de protection.
Tracé sur le sol, le cercle protège physiquement le magicien qui l'occupe contre toute *intrusion*. Il forme une sorte de mur invisible.
Le pentacle (*5 côtés*) offre, quant à lui, une protection psychique contre toute forme de magie, blanche ou noire.
Si les deux dessins sont tracés (le pentacle à l'intérieur du cercle), les deux fonctions *cumulent* leur pouvoir.
Vous allez me dire : “ Mais n'importe qui peut utiliser ces dessins pour se protéger ! ”
Ce à quoi je vous répondrai : “ Mais pas du tout ! Seul un magicien peut utiliser ces protections pour la bonne et simple raison que le tracé devra être parfait. Et seuls les magiciens s'entraînent des heures durant à tracer sur le sol ce genre de dessin.”
En très Haute-Magie, d'autres figures sont utilisées. Mais leur fonction est plus *spécifique* et plus compliquée à mettre en œuvre. Pour le moment, contentez-vous de ces trois dessins de base et apprenez à les *tracer* parfaitement (à la main bien entendu).
A titre d'exemple, voici tout de même quelques figures couramment utilisées :

Tous les dessins existant à ce jour sont répertoriés dans l'imagier du "*père Altor*" (père fondateur de la magie des dessins), que vous trouverez à la *bibliothèque*. Si vous désirez les expérimenter, évitez d'utiliser la cour de l'école par souci de sécurité. Allez plutôt dans le terrain d'aventures situé derrière le *musée*.

– l'Hexagone :

il n'offre aucune protection particulière mais forme une sorte de cocon où il fait bon vivre, dans une franche rigolade et où la nourriture est bonne. Les soucis extérieurs disparaissent comme par miracle.

– la Guitare :

appelée ainsi à cause de ses courbes, ce dessin a le pouvoir de susciter des rêves exotiques, chauds et colorés, accompagnés d'une musique douce et apaisante.

– le Pentagone :

à ne pas confondre avec le pentacle, qui a le même nombre de côtés. Le pentagone offre à ceux qui y rentrent une sensation de liberté et de supériorité. Excellente thérapie de groupe pour les gens complexés qui ont alors l'impression d'être parfaits (tant qu'ils y restent).

– le Nuage :

tracé sur le sol, le nuage permet à ses occupants de passer inaperçus. De l'extérieur, une brume épaisse semble s'être formée inexplicablement. L'avantage de ce dessin est que l'on peut se déplacer. Le nuage suit sans aucun problème.

Les signes magiques

La fonction de ces signes est de pouvoir écrire en langage *imagé* des formules magiques sur toutes sortes de supports (exemples : *épée*, *maison*, *chemin*...).

Ils peuvent également servir à écrire des messages que seul un magicien pourra traduire.

Les signes magiques sont au nombre de 12. Chacun d'eux a une signification première, et pour certains, plusieurs secondaires. Tout dépend du sens de la formule ou du message.

Voici la liste des signes et leurs significations principales (pour le moment, on se contentera de ces seules *significations*) :

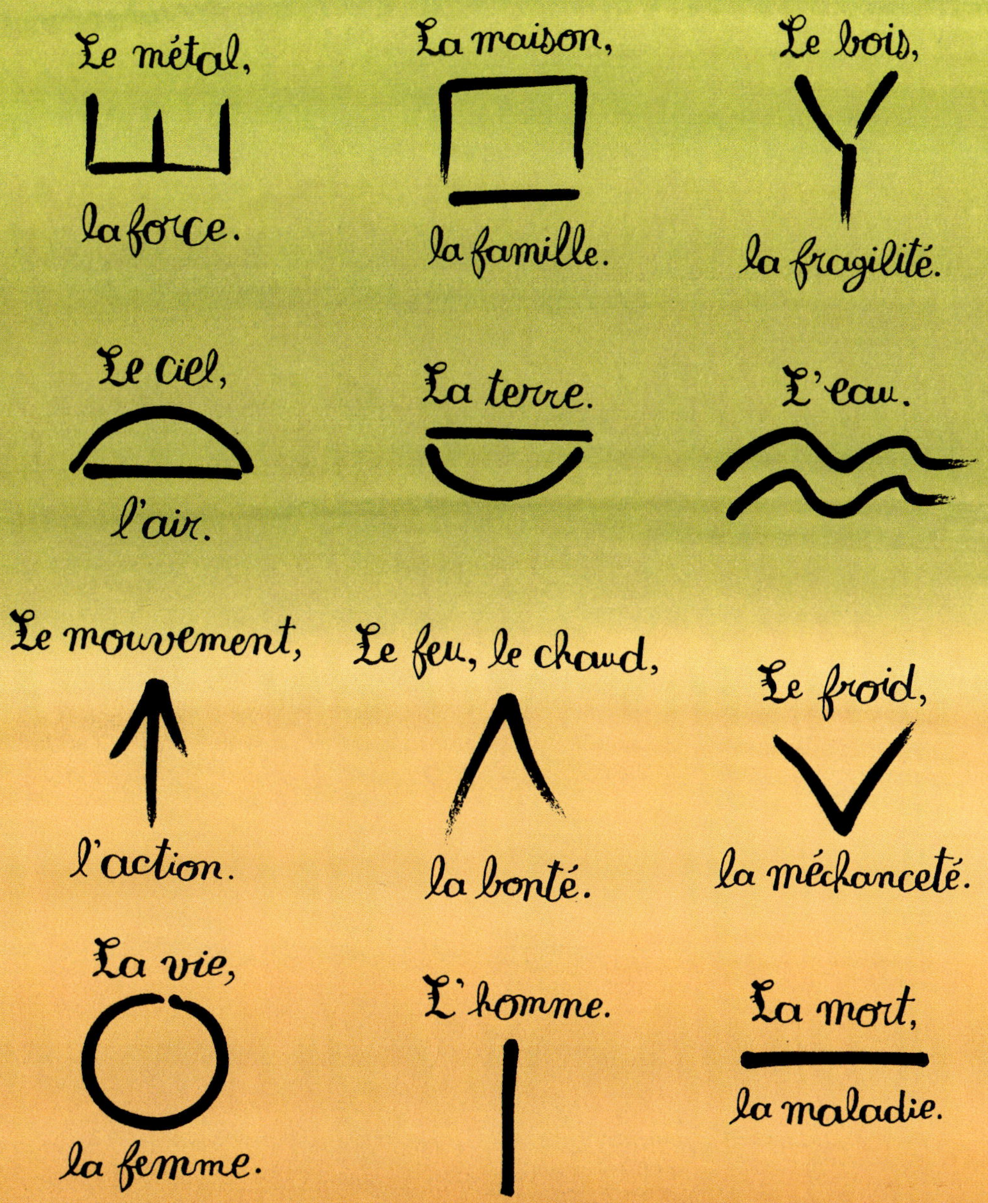

A partir de ces douze signes va pouvoir se créer un véritable langage des signes. Mais comme nous allons le voir, la position de ces signes dans la phrase imagée a une très grande importance.
Un signe placé au-dessus d'un autre signifie la protection ou la domination. Placé au-dessous, la passivité. A droite, l'action de donner ou de partager.
Deux signes ayant un côté ou un point commun forment souvent une nouvelle signification englobant le sens des deux signes.
Pour vous familiariser avec le langage des signes, en voici quelques exemples.

Ici, le signe du métal est placé au-dessus de celui de l'homme. La signification en est simple : "le métal protège l'homme." (Souvent utilisé sur les vraies-fausses épées magiques).

La vie et l'homme. Deux signes, qui placés l'un dans l'autre, signifient : "à ma mère."

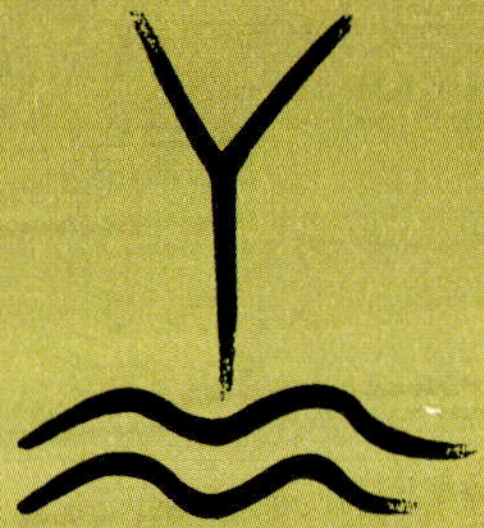

Le bois placé au-dessus de l'eau. Non ! Cela ne signifie pas que le bois flotte ; cela, tout le monde le sait, mais que le bois donne de l'eau (formule à placer sur les baguettes de sourcier).

Voici maintenant quelques *formules* de protection *courantes*.

"Que la chaleur protège cette maison !" (pratique en hiver).

"Que la chaleur protège l'homme et la terre !" (valable sur 100 m²).

"Que le ciel protège l'honnête femme et son enfant innocent ! ! !"

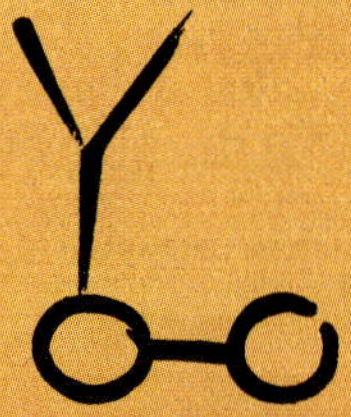

"Que le bois protège les deux femmes mortes !" (Formule à placer sur les cercueils en commun).

Les cours sur les dessins magiques et le langage des signes vous seront donnés tout au *long de l'année*, à raison de quatre heures par semaine. Ils seront assurés par le mage *Ilad*, grand maître des arts *graphiques*.

Feuille de brouillon

Cette feuille vous permettra de vous entraîner en inventant vos propres formules de signes magiques. Soyez inventif et ne vous *découragez pas !*

Le langage magique

Ce chapitre ne s'adresse qu'aux élèves de deuxième année. Si vous n'en faites pas partie, vous pouvez toujours regarder mais vous n'y verrez que des pages blanches. La magie, ça sert aussi à cela !

"Ba gostu i va kulano a tropirava"

Cette célèbre phrase du mage Ilios est gravée dans toutes les mémoires et elle montre bien l'importance des mots et leur influence sur le cours du temps. C'est pourquoi il est très important de posséder le langage magique, source intarissable de création.

Comment fonctionne le langage magique

Le langage magique, ne servant qu'à prononcer des formules, possède une *grammaire* réduite au minimum. Les formules sont toujours fabriquées sur le même modèle.
Sujet, verbe à l'infinitif, complément. *Exemple* : "Moi invoquer pluie" ou "maison devenir grande."
Elles peuvent toutefois se compliquer pour plus de détails et un meilleur *résultat*.

Exemple : "Moi invoquer pluie devant maison mais également à l'intérieur."
Tout ça pour vous prouver que, derrière l'apparence d'un langage *simpliste*, se cache de grandes difficultés.
L'école est là pour vous *aider* et vous initier, mais en ce qui concerne le langage magique, elle ne peut que vous fournir des méthodes. La création de ce langage ne *dépend* que de *vous*.

Comment inventer votre langage

Vous vous procurez deux gros cahiers (*minimum 200 pages*). L'un vous servira de dictionnaire et l'autre de livre de formules. Mais avant de les remplir, étudions d'abord la construction de votre propre langage magique.

La méthode d'Ilios.

Cette méthode a l'avantage d'être utilisée quelle que soit votre langue maternelle, pourvu qu'elle utilise approximativement les mêmes *lettres*.
Il existe d'autres méthodes mais le conseil pédagogique de l'île a préféré celle d'*Ilios*, simple et pratique.
Pour commencer, vous prenez la première consonne de votre alphabet et y associez les voyelles afin de former des *syllabes*. Le *Y* est considéré comme une consonne.
Exemple : *Ba - Be - Bi - Bo - Bu*.
Vous faites la même chose avec les autres consonnes à l'exception du *C* (le *K* est plus joli) du *Q*, du *J* et du *H*.
Cela vous donne pour le moment *85* syllabes allant de *Ba* à *Zu*.
Ensuite, vous faites la même chose avec les voyelles associées aux consonnes (*C*, *H*, *J*, *Q*, et *Y* exclues). Soit un total de *80* syllabes.
Vous voilà donc en possession de *165* syllabes qui vont servir à créer votre langage.

Le dictionnaire

Muni de ces 165 syllabes, vous pouvez commencer à remplir votre dictionnaire en y inscrivant des *mots* habituels et leur traduction dans votre nouveau langage.

Exemple : *Moi* = *Gu*. *Maison* = *Bixa*…

Il n'y a aucune contrainte ; les mots que vous utilisez dans votre langage magique peuvent être très *courts* (une syllabe) ou très longs. C'est vous qui choisissez. Si le mot "*Bavazacamasarpatapavda*" vous plaît pour traduire le mot "*nain*", n'hésitez pas, cela ne regarde que vous.

Lorsque vous aurez rempli votre dictionnaire (compter 2000 mots, cela suffit), vous allez pouvoir vous attaquer aux formules, comme expliqué précédemment.

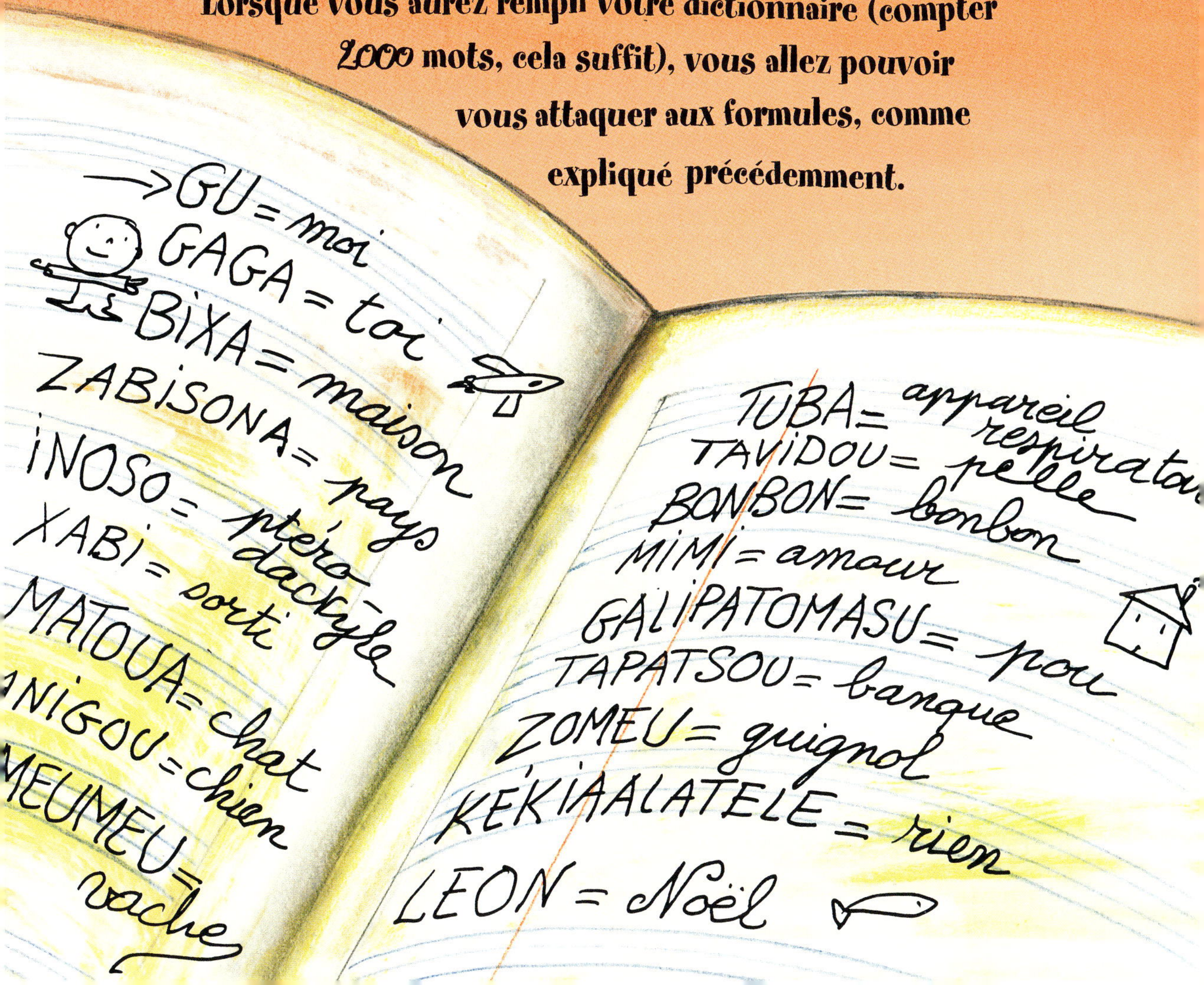

Efficacité des formules

Grâce à votre dictionnaire et à votre livre des formules, vous pensez avoir atteint les *sommets*, mais détrompez-vous, vos formules ne seront efficaces que si vous maîtrisez parfaitement votre *nouveau* langage. Quand vous serez capable de *penser* dans ce langage, c'est-à-dire dans de nombreuses années, n'oubliez pas que vous serez seul à pratiquer ce langage, d'où la difficulté de *l'entretenir*.

Lorsque vous aurez atteint ce stade, vos formules seront efficaces à *100%*. Mais, il y a le *revers* de la médaille. Lancer une formule demande une forte concentration. Si forte, qu'il faudra quelquefois plusieurs jours avant de récupérer. Cela dépend de la longueur de la formule et de son importance magique.

D'où la nécessité de les utiliser avec *parcimonie*. En règle générale, il est plus prudent de se servir de ses baguettes, recettes, dessins et signes, qui *eux*, ne demandent qu'un minimum de concentration, et de garder ses formules pour les grandes *occasions*.

Courte histoire de la magie

L'histoire de la magie remonte loin dans le temps. C'est en Égypte, en l'an zéro de l'ère des magiciens, qu'elle prit son essor avec le premier magicien reconnu : "J.-C.". Ce dernier marqua fortement son époque et aux dires de certains trouva même le moyen de se réincarner. Aucune preuve n'existe, mais quelque 3000 ans plus tard, des témoins affirment l'avoir aperçu au Moyen-Orient en compagnie d'une douzaine de ses apprentis.

Depuis près de 4000 ans, la magie s'est fortement développée et le nombre de magiciens, bien que réduit par sécurité, a lui aussi fortement progressé.

La première école de magie fut fondée en 3887 par Ecirbaf Alyac. Elle permit de rassembler les connaissances éparpillés, de nombreux magiciens dans le monde, faisant progresser à grands pas cette science. Devant le succès de cette école et la qualité des magiciens qui en sortaient, d'autres écoles poussèrent çà et là en concurrence directe avec elle. Il n'existait alors aucune éthique ni loi régissant l'apprentissage de la magie, et une joyeuse anarchie régnait en maître !

La guerre (pacifique) entre les écoles amena certains débordements qui nuisirent fortement à l'image des magiciens.

C'est en 3912 qu'un magicien du nom de Mahaschtricqkt, originaire des grandes plaines du Nord, décida d'unifier toutes les écoles et de créer des lois de la magie. Il fut aidé dans sa tâche par Ecirbaf Alyac et Erreip-naej Uacep (originaire des bords du Danube), sans oublier Notnotp, fervent défenseur du projet. Durant de longues années, ils cheminèrent de par le monde, expliquant sans cesse les bienfaits de ces lois.

Les opposants, nombreux sur la rive droite du Rhin, menèrent également une farouche campagne. Mais lors d'un vote mondial en 3920, les lois de Mahaschtriicqkt furent adoptées par une large majorité. L'ère de la magie quittait enfin la barbarie pour le bien de tous.

Depuis, grâce à la communication et au travail de chacun, de nouvelles sciences ont été développées telles l'astrologie occulte, la télépathie directionnelle, la lecture de l'avenir dans les cartes (inventée par un certain Michel 1), la télékinésie 16/9°, et bien d'autres encore, toutes étudiées dans les écoles de Haute-Magie.

Quant à l'avenir de la magie, il ne dépend que de vous, jeunes apprentis. L'arrivée du monde moderne s'approche à grands pas et les magiciens devront faire preuve de prudence. Notre destinée n'est pas de changer le monde mais de pratiquer la magie pour qu'elle ne cesse de progresser.

Bonne chance !

Quelques grands magiciens ont marqué l'histoire de la magie et sans eux ce livre n'aurait jamais existé.

Ils sont nombreux, mais parmi eux, certains méritent d'être cités, non pas pour les glorifier mais pour les remercier de leur travail.

Mis à part J.-C., le premier grand magicien, l'auteur, et quelques autres cités au cours de ce manuel, voici quelques noms qui resteront gravés sur nos tablettes et dans nos mémoires.

Evreip-raej Uacep

Premier magicien à avoir obtenu un P.A.O. (Parchemin d'Astrologie Occulte).

Enylevl Slojavas

Elle a réussi à maîtriser la matière grâce au pouvoir de ses mains. Peu y arrivent encore.

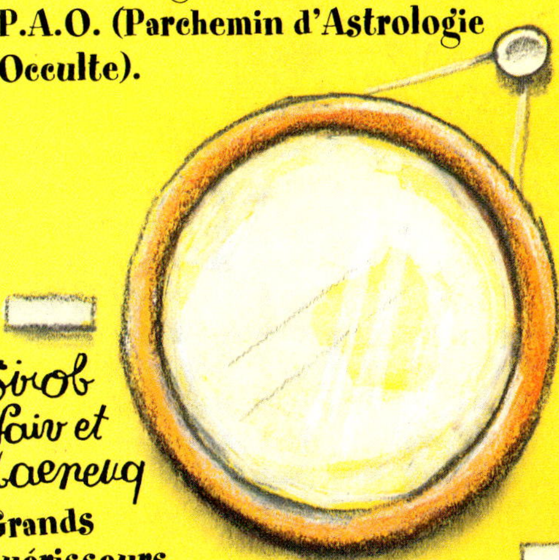

Sirob Nair et Uaeneuq

Grands guérisseurs par l'humour et la dérision, suivis par de nombreux autres comme Sel Slun, Sodeb, Cad...

Anodam et Enna Rialcnis

Grandes magiciennes de la communication.

Notnotp

Président d'honneur de toutes les écoles de magie pendant de longues années et fervent défenseur des lois de Mahaschtricqkt.

Sel Seltaeb

Groupe d'études de quatre magiciens sur la magie des sons et du vent.

Ennaej Cra'd
Magicienne ayant fait les premières études sur la télépathie directionnelle.
Sumadartson
Grand mage médium, grave et aigu.
Edemihcra
En dehors de la magie de l'eau, il a également inventé la plomberie des salles d'eau.
Notwen
Mage ayant travaillé sur la télékinésie. Ses résultats furent frappants avec les pommes.
Duerf
Mage s'étant penché sur des sciences aussi diverses que la magie des rêves, des sexes et des traumatismes. Magies hautement dangereuses qui peuvent parfois laisser des séquelles.
Eehtorod
Magicienne ayant développé la science de l'hypnose, venue du Japon. Elle fut malheureusement aveuglée par les pouvoirs et bannie à jamais.
Seuqcaj Kotzsnib
A travaillé de nombreuses années à la recherche de nouvelles créations ou au renouvellement d'anciennes avant de franchir le seuil... de notre école où il exerce la lourde tâche de livrologue.

Maquette et lettrage : William

Dépôt légal : novembre 1995
ISBN : 2-02-021665-5
N° 21665-1
Loi 49-956 du 16 juillet 1949 sur
les publications destinées à la jeunesse.
Imprimé en Italie